AF452096

LE PRINTEMPS

DES CHANSONS NOVVELLES:

Composees sur chants modernes fort recreatifs.

A LYON.

Par Benoiſt

CHANSON NOVVELLE,

de l'entree du grand Duc François, fils
de France, frere vnique du Roy, faicte à
Angiers le 13. iour d'Auril 1578. Par F.
C. Angeuin, Sur le chant, Le ciel qui fut
large donneur.

Esiouissons nous Angeuins,
Puis que Dieu par les sorts
diuins,
Nous a dóné la iouyssance,
De l'heur de nous tant souhaitté,
Par l'aspect de la maiesté
De ce grand Duc, tige de France.
Puis que par la faueur du ciel,
Nous goustons ce nectar de miel,
Par le cours de son influence,
Nous pouuons bien dire l'Anjou
Estre affranchy de ce dur ioug,
Qui le mettoit en decadence.
C'est nostre souuerain Seigneur,

Auquel deuons los & honneur,
C'eſt luy qui de mal nous preſerue,
C'eſt celuy lequel apres Dieu,
Et le Roy, regit ce bas lieu,
Et noſtre liberté conſerue.

D'Auril doux le trezieſme iour,
Ayant quelque temps fait ſeiour
Dans Angiers, a faict ſon entree:
Auquel lieu il a proteſté:
De maintenir en liberté
Tout le peuple de la contree.

A la porte ſainct Nicolas,
Par où entra noſtre ſoulas
Fut faict vn ouurage ſubtile,
Ou Loyre, Mayne, Sarte, & le Loyr,
Eſtoyent fleuues de grand valoir,
Et qui decorent noſtre ville.

Plus auant en vn grand carroy,
Fut en treſmagnifique arroy,
Dedans vne place publique
Dreſsé vn ſuperbe eſchafaut,
Ou maints inſtrumens muſicaux,
Chantoyent ſa louange autantique,

Sur

Sur le Pont que l'eau miſt à val,
Fut erigé vn beau portail,
Bien fort ſuperbe de rencontre,
Où l'effigie de cinq Roys,
Nobles ayeulx du grand François
Eſtoyent tous eſleuez en monſtre.
    Deſſus la chappellerie eſtoit
Vn triumphe, qui demonſtroit
Les aduentures fortunees
Du grand François premier du nom,
Qui vid les neuf ſœurs d'Apollon,
En paſſant les monts Pirenees.
    Vn autre theatre en apres,
Qui de là eſtoit aſſez pres,
Monſtroit, les troupes debandees
D'Orphee, le chantre des Dieux,
Qui entonnoit les prochains lieux,
De dix mille voix accordees.
    Sur la porte de la cité,
Eſtoit au haut repreſenté
La pourtraicture naturelle
D'Angers, front de tout le Duché,
Le mieux au naturel cherché,

Qu'ouurage que fit onc Apelle.
Eſtant donc ainſi tout dreſsé,
Par vn ordre bien compaſsé,
Lon marcha deuant noſtre Achille,
Bien deux mille harquebuziers
Suiuirent leurs chefs les premiers,
Des plus braues de noſtre ville.

Les Bourgeois par vn ordre eſgal,
Marchoient ſur houſſe & à cheual,
Et Iuges & Conſuls de ville,
Sergens & autres Officiers,
Aduocats & tous Iuſticiers,
Suiuoyent d'vne façon gentille.

Brief tout marcha par grauité,
Rendant le Prince contenté,
Tous de l'offre de leur ſeruice,
Meſſieurs de l'Vniuerſité,
Et le Clergé de la Cité,
Le conduirent dans ſainct Maurice.

Le mardy deux iours en apres
Fut dreſſé deſſus l'eau expres,
Vn chaſteau de grand artifice,
Où deux cens braues combatans,

Tous

Tous esleuz, furent mis dedans,
Pour garder ce braue edifice.

   Là de diuerses nations,
De Mores, Turcs, & Esclauons,
Et de Sauuages de l'Indie,
Fut assailly à rudes sons,
D'vne infinité de canons,
Par effroyable melodie.

   Le murmure fut adoucy,
Sans aucun blessé ou occy,
Lors que vint paix, la grand deesse,
Qui reduit alors les François,
Au seruice du grand François,
Et tous luy en firent promesse.

Chant de resiouyssance, sur la deuise heroy-
que & entrée de Monseigneur à Angers,
chantee en musique à l'arc triumphal de
dessus le Ponts le 13. Auril 1 5 7 8. Et se
chante sur le chant; Quand ce beau prin-
temps ie voy.

Bien venu bien venu sois
Duc François:

Benifte foit ton entree,
Fay nous entrer auec toy
Fils de Roy,
La paix de tous defiree.
    Chacun te voir s'efiouift
Et iouift
De lieffe nompareille,
Et d'obeyr tout l'Anjou
Souz le ioug
De ton vouloir s'appareille.
    Comme le foleil luifant
Eft duifant
A tout ce qui naift au monde,
Et que fa trop grand chaleur,
Et ardeur
Deffeiche la terre & l'onde.
    Tout ainfi deffouz ta main
Prince humain,
Viura ton peuple amiable,
Et fçaura par ta faueur
Ta fureur
Eftre du tout euitable.
    Or nous cognoiffons à l'œil

Ton

Ton ayeul,
Roy François, en toy renaiſtre,
Amateur fut de vertu
Si es tu,
Et bien le nous fais paroiſtre.
    Ayant par vn ſainct Edict
Interdict,
Ieux de hazard, & blaſphemes,
De ſi pres tu l'enſuyuras
Que viuras
Reputé ton ayeul meſmes.
    Viue, viue donc François
De Valois,
Duc d'Anjou & de Touraine:
Viue le Duc tant chery
De Berry
Et d'Alençon & du Mayne.
    Vy en tous nobles delicts
Fleur de lis,
Souz de Dieu l'obeyſſance,
Viue, viue deſormais
A iamais
Le plus beau fleuron de France.

Chanfons

Complainĉte de treshaute & excellente Dame Elizabeth d'Auſtriche, ſur la mort de ma Dame fille vnique d'elle, & de feu Roy Charles. Sur le chant de, La Parque, &c.

LA peine fatiguante,
Qui cruelle me nuit,
La douleur deſplaiſante,
Qui me tient iour & nuiĉt,
Le ſoucy qui me poinĉt,
Son ſemblable n'a point.

   Le pays d'Allemaigne,
Et tout ce que produit
La feconde campaigne
Dedans ſon circuit:
Bref ce qu'au monde naiſt,
Me faſche & me deſplaiſt.

   Arriere la lieſſe
Deuë à ceſte grandeur,
Bornant ma gentilleſſe
D'vn immortel honneur,
Arriere le plaiſir,
D'vne Roine deſir.

Puis

    Puis qu'au lieu de couronne
D'vn or trefprecieux,
Le malheur m'enuironne,
Et le chef & les yeux,
Et que toufiours l'efmoy
Se pennade autour moy.

    Approche donc trifteffe,
Approche toy ennuy,
Embraffe moy foibleffe,
Tout le corps auiourd'huy,
Et toy, ô dueil, iamais
Ne me delaiffe en paix.

    Ie veux en larme fondre,
Faifant dedans les boys
Echo feule refpondre
A ma tremblante voix,
Et les oyfeaux en l'air
Eux plaindre & defoler.

    Ay ie pas raifon bonne
D'ainfi me lamenter,
Voyant la mort felonne
Me venir defpiter,
Rauiffant mon enfant

                        Iadis

Iadis ſi triumphant.

　Ha,ma fille treſchere,
Helas,las c'eſt par toy,
Qu'vne rude miſere
Me donne tel effroy,
Pat toy,ma fille,helas,
Vuide ſuis de ſoulas.

　Ta vie,de ta mere
Eſtoit le paſſetemps,
Tant d'amour ſinguliere,
I'aimoy ton ieune temps,
Ta mort ma fille ainſi
Sera la mienne auſsi.

　O Parque filandiere
As tu point de remort,
De poutchaſſer,meurdriere
Les enfans à la mort?
Encor vn ſang Royal,
Qui ne te fit onc mal.

　Laiſſe nous au moins viure
Par nos quatre ſaiſons,
Et nul effort ne liure
Pendant à nos maiſons,

Que

Que tu viens inquieter
Sans pouuoir resister.

   Alors que la vieillesse
Nous aura succumbez,
Vien si tu veux,& blesse
Nos vieux ans recourbez,
De mourir ne nous chaut,
Puis que nostre temps faut.

   Mais estant en enfance,
Encor n'ayant attaint,
Que l'aage d'innocence
Ne fletris nostre taint,
Par le somme eternel,
De ton dard criminel.

   O mort impitoyable,
Te suffisoit il pas
D'auoir mis, execrable,
Mon espoux ou trespas,
Sans prendre tous expres
Me fille par apres.

   Ie pensoy,que permettre
Me deust le sort fatal,
De la conduire & mettre

Au

Au dortoir nuptial,
Auec mille flambeaux
Luiſans ſur ſes ioyaux.

  Mais ô triſte aduenture,
Dont i'ay le cœur marri,
Elle a la ſepulture
Parauant le mary,
Pluſtoſt la mort la tient
Que la nopce ne vient.
  O ma fille, ô m'amie,
Las, que n'eſtois ie au lieu
Où tu mourus, Marie,
Pour te dire vn à dieu,
Pendant que le deſtin
Abbayoit à ta fin.
  Que n'ay ie eu ceſte grace,
Ha ma fille ie meurs,
De faire ſur ta face
Mes regrets & clameurs,
Te baiſant toutesfois,
Pour la derniere fois.
  He, douce geniture,
Ie te ſuy, mes amours,

Ie sen ià la mort dure
Qui menace mes iours,
Ie n'ay plus vrayement
Que la voix seulement.
   Mais,dedans la nuict sombre
Où ie suis en langueurs:
I'offre à ta fidelle vmbre,
O ma fille, ces pleurs,
Tesmoings tressuffisans
De tous mes maux cuisans.

Chanson contenant les regrets des Princesses
& Dames de la Court, Sur le decez de
tresillustre Princesse, Madame fille vni-
que de feu Roy Charles, Sur le chant de,
Dames d'honneur ie vous prie &c.

CEluy auroit le cœur plus dur que
       pierre,
Que roc,que fer,que l'éclatāt tōnerre,
Qui cognoissant noz ameres douleurs
Auecques nous ne se noiroit en pleurs.
   Las,ce n'est point vn petit mal volage
                              Qui

Qui no' cōtraint perdre ainfi le courage
Mais vne mort qui nous trouble fi fort,
Que lon ne peut égaller fon effort.
    L'heur & l'efpoir de la Frāce fertile,
Madame (helas) de feu roy Charles fille,
Tant vertueufe, & magnanime auffi,
Eft hors du mōde, & no' en grād fouci.
    Elle n'a plus cefte parolle belle,
Ce doux maintiē tāt propre à la pucelle,
Ces yeux rians, cefte munde blancheur
Que le lis porte en fa marbrine fleur.
    Sō corps poly eft ores foubs la lame,
Tout eftendu priué d'efprit & d'ame,
Sans fentimēt dedās vn froid cercueil,
Voyla, voyla, qui caufe noftre dueil.
    Et ce qui plus braue noftre nobleffe,
C'eft q̃ la mort l'a prinfe en fa ieuneffe,
N'ayant encor demonftré clairement,
Quelle vertu l'affiftoit fagement.
    Vray eft que nous, qui d'vn cœur
        tresfidelle
Cōmuniquions tous les iours auec elle
En la feruant, voyons à lœil combien
        Sa

Sa longue vie euſt aporté de bien.
  Car la grandeur ſur toutes fructueuſe,
Qui decoroit ſon ame genereuſe,
En ſon enfance, aſſez faiſoit ſçauoir,
Quel auec l'age euſt eſté le deuoir.
  Auant mourir, ceſte ieune Princeſſe,
Sentant l'eſtoc de ſa forte triſteſſe,
Sa gouuernante appella doucement,
En l'embraſſant treſamoureuſement.
  Puis luy a dit, helas ma bonne mere
Il faut aller apres le Roy mon pere
En paradis, i'ay ſongé ce iourd'huy
Qu'il preparoit ma place aupres de luy.
  Ie n'ay regret à delaiſſer le monde,
Ou ie cõgnoy que tout malheur abõde:
Car plus on vid, & plus fait on de maux,
Pluſtoſt on meurt, moïs a l'õ de trauaux.
  M'amie helas, ma dure deſtinee
Ne m'a fait voir que la ſixieſme annee
De mes beaux ans, il faut, il faut mourir,
L'ange ie voy lequel me vient querir.
  Faites ſçauoir à ma mere dolente
Ma triſte mort, à fin qu'elle lamente

b

Ce mien deſtin,& que pleine d'émoy
Elle pri'Dieu pour mó pere & pour moy.
Quant eſt du Roy & de mõſieur,ſans
doubte
Ie ſay fort bié qu'ils ſerõt ſomme toute
Fort courroucez, quãd ma mort ils ſcau
ront,
Et de me voir:plus de plaiſir n'auront.
A dieu vous dy Dames & Damoi-
ſelles,
Pleines d'hóneurs,& de gratieux zelles:
Ie ſen la mort qui me vient aprocher,
Branlãt ſon dard pour ſoudain me tou-
cher.
Puis,peu à peu,en perdant la lumiere
A ioinctes mains fiſt à Dieu ſa priere,
Et en rendant ſon ame entre ſes mains,
S'enuolle au ciel,& quitte les humains.
Las en mourãt,malgré la mort cruelle
El' s'eſt aquiſe vne vie eternelle,
Et nous viuans mourós cét fois le iour,
De ce qu'elle a quitté ce bas ſeiour.
Helas c'eſtoit noſtre heureuſe eſperãce,
L'hon-

L'hôneur de nous,& nostre éiouissance,
La gemme riche,& le thresor exquis,
Qui nuict & iour estoit de nous requis.
  Mais quoy?la mort qui n'espargne per
    sonne,
Luy faict auoir l'immortelle couronne,
(Guerdô des bôs)& nous sômes cy bas
En attendant,comme elle le trespas.
  O vous,Seigneurs,pleins de magni-
    ficence,
Qui assistez au conuoy d'excellence,
De ceste Dame,helas,plorez,plorez,
Et son tombeau larmoyant honnorez.
  Et vous Paris,perle des autres villes,
Vous bôs Frâçois,& vous fémes & filles
Dessoubs le ioug d'vn regret tref-amer,
Faictes soudain de vos pleurs vne mer.
  Prenez exéple à nous,de qui les armes
Sont durs sanglots,souspirs,fascheuses
    larmes,
Et qui sans fin,Madame regretant,
Ensemble allons nostre mort souhaitât.
  Fy d'auoir,Sans sçauoir.

                    b   a

Chanfons

Qvi d'vne maladie
N'a le faix fupporté,
Penfe toute fa vie
Iouyr d'vne fanté,
Ne craignant deuenir
Malade à l'aduenir.

Mais c'eft trop grand fimpleffe
D'auoir tel penfement,
En fin le mal oppreffe,
Et voyons clairement
Le mal rendre plus vain
Cil qui plus eftoit fain.

Qui d'amour le feruage
N'a experimenté,
Penfe paffer fon âge
En toute liberté,
Se mocquant glorieux
Des pauures amoureux.

Mais, ô vaine efperance,
Cupidon toft, ou tard,

Foulant

Foulant l'outrecuidance
Luy fait sentir son dard,
Rendant le malheureux,
Plus qu'autre langoureux.
 La chose est fort expresse
Qu'on dit communement,
Qui n'ayme en sa ieunesse
Sera finalement
Contraint sur ses vieux iours
De vacquer aux amours.
 Si d'amour la puissance
S'estend sur tous les cieux,
Aurons nous esperance,
Dictes en ce bas lieux
Euiter de l'Amour
Les assauts nuict & iour.
 Plustost la mer immense
Sans poyssons on verra,
Et au ciel d'excellence
Oyseau n'habitera:
Plustost printemps sans fleurs
Et l'esté sans chaleurs,
 Plustost l'hyuer sans glace,

Pluftoft le Soleil beau
Au ciel ne tiendra place,
Et de fon clair flambeau
La lune qui reluit,
N'efclairera la nuict:

Que Cupidon fe laffe
Ny la nuict, ny le iour
En cefte terre baffe
Du defcocher: toufiours
Nous fentons les effects
Terribles de fes traicts.

Cil qui de fa nature
Eft grofsier, mal appris,
Sera, c'eft chofe feure,
Par le fils de Cypris
Rendu courtoys & doux
Bien agreable à tous.

Il remplit d'ardieffe
Vn cœur lafche & craintif,
Et fournit de fineffe
Son plus fot apprentif.
Il rend par fes efforts
Les foybles affez forts.

C'eft

C'eſt luy qui met la guerre,
Qui faict la paix auſsi,
Qui ioye au cœur enſerre,
Qui remplit de ſoucy:
Qui nuit, qui fait ſupport,
Qui donne vie & mort.

Ne prouoquons donc l'ire
De ce Dieu porte-dardz:
Qu'vn chacun ſe retire
Deſſoubz ſes eſtandarz:
Il faut pour abreger,
A l'amour ſe ranger.

Chanſon va t'en agile
A ſainct Symphorien
Aux filles de la ville
Leur dire que ſuis bien
(D'elles me ſouuenant)
Leur fidelle ſeruant.

Coq à l'aſne fort recreatif de pluſieurs petits
propos ioyeux, pour reſiouir les eſprits me-
lancoliques.

ET qu'eſt cecy, ie ne voy plus le bon
De plaiſirs & paſſetemps   (téps

Las comme autre fois i'ay veu.

Icā le goutteux l'autre iour:de ſon baſtõ

Me fiſt parler à bas ton

Parce que i'auois trop beu,

Si i'eſtois peſant

Et chargé d'or & d'argent

Ie boyrois ſouuent chopine,

Marion bitrou

M'a donné de ſon hoyau

Qu'el' m'a rompu le muſeau.

    Dedās Paris,auſsi en autres quartiers,

Y a bien des vſuriers

Qui voudroyent eſtre pendus,

La malle mort les puiſſe tous aſſaillir.

Las que i'ay le cœur failly

Que ie n'ay cinq cens eſcuz,

L'Abbé des cornards

S'en va chaſſer aux Renards

Pour auoir de la fineſſe,

Ie m'en vois iouer

Sur le pont Charenton

A fin de voir Ianneton.

    Ce deſcrimēt dargēt cy,m'a biē faſché:

Car

Car chacun en est taché
Autant le petit que le grand.
Enfans Gaulois, vous beuuez à toutes
   mains,
Faut danser les mattassins
A ce Caresme prenant,
Noel est venu.
A propos ie suis tout nu,
Et baisé moy ma commere,
Les banqueroutiers
Ont bien monstré aux plus fins
A iouer des escarpins.
  Le pauure peuple de la guerre est tout
   ruyné,
A propos de mon disné
Le Chat gronde en le mangeant.
Viue la paix, le Roy & la Royne aussi,
Et les enfans sans soucy
Qui boyuent tousiours d'autant,
Cent milles trauaus
Auons receus, & des maux
Par noz pechez, offences,
On dit que pres Bouain

Il y a vn grand Serpent
Qui mange femme & enfans.
    Mais ie me ris dès tripieres de Rouen
Qui veſſent ſi treſpuant
Que chacun elles font cracher,
Vn Polonnois lequel venoit à Paris
Mangea bien vn ſeau de rys
A fin de le faire chier.
Les preneurs d'oyſeaux
Ont bien des engins-gourneaux
Pour les prendre à la pippee,
Ceux qui n'ont argent
Et cheminent par pays
Se trouuent bien esbahys.
    Nous voyons lors vn enfant vouloir
Son pere & Dieu renier   (fraper
Comme vn meſchant malheureux,
Qu'on a de mal à ces filles careſſer,
A parler & deuiſer
Contrefaiſant l'amoureux,
Maiſtres Cordonniers
Vous faictes meſchans ſoliers
Teſmoings en ſont les ſemelles,

Si les Poyteuins
Viennent à parler Flamant
A Dieu Picards & Normans.
 Conclusion , les femmes ne crieront
 plus,
Car nous auons de la glus
Pour les faire parler bas:
Mathieu Boucló ce degreſſeur de bónets
A tant mangé de pannets
Qu'il en creue haut & bas,
Notables Chreſtiens
Amendons nous par moyens:
Car la Lune deuient pleine,
A Dieu mes amis
Ie m'en vois à Carpentras
Pour trouuer le Mardy gras.

La grande defaicte des Hãnetons, faicte par
la grace de Dieu , ſur vn branle nouueau.

COmme vn vautour inique
Promethé va ronger,
La gueulle hánetonique.

Nous

Nous venoit oultrager,
Voiletante,
Rapinante
Les fruits fauoureux,
Et le noble
Beau vignoble
Des Françoys heureux.
　　Elle dementoit gourmande,
Noftre premier efpoir
Et penfoit trop friande,
Chetifz nous faire voir
En diuorce,
De fa force
Pilleroit noz biens,
Et de gloire
Par victoire,
Se les difoit fiens.
　　Mais Dieu,à la priere
Des Catholiques bons
Cefte trouppe guerriere
De maudits Hannetons,
A fans doubte
Mis en routte,

D'vn

D'vn terrible effort,
Voulant estre
De tout maistre,
Comme le plus fort.
    Car d'enhaut il enuoye
Vn degoust pluuieux,
Qui la Françoise voye
Arrouse en tous les lieux:
Et de grace
Tost dechasse
Ces faux animaux,
Qui en terre
Menoyent guerre,
Faisans mille maux.
    Chacun prenoit liesse
De les voir à l'enuers,
D'vne prompte vitesse
Dessouz les arbres verds,
Sans puissance,
Resistance
Ne pouuans donner:
Voyla comme
Dieu veut l'homme

                          Point

Point n'abandonner.
  De laboureurs grand' bande
Venoit à qui mieux mieux,
Auec la perche grande
Les aſſommer ioyeux,
Et ces beſtes
Deshonneſtes,
A beau piedz fouler:
Qui la vigne
Saincte & digne
O ſoyent affoller.
  Meſme les bonnes femmes
Aydoient à leurs maris,
Attaquant ces infames
De hannetons peris,
Infidelles
Diſoyent elles,
Vous y mourrez tous:
Quoy qu'il tarde,
Dieu ne garde
Le raiſin pour vous.
  Les enfans de village
Eſtoyent tous à l'entour,

Pour

Pour la beste volage
Chasser de ce seiour,
A leurs peres,
Et leurs meres,
Des bastons portoient,
Qui en proye,
Plains de ioye,
Hannetons mettoient.
      Puis apres la deffaitte
De ces faux ennemis,
Feirent soudain retraicte
D'vn cœur à Dieu submis,
En l'Eglise,
Sans remise
Ou à Deux genoux,
D I E V benient
Et luy prient,
De leur estre doux.
      Ce fait, en leurs rep,
Retournent banqueter,
Et vuides de miseres
Commencent à sauter,
Et de boire

En

En memoire
D’vn fait ſi hautain.
Qu’il faut croire
Pour notoire,
Nous eſtre certain.
   Menons éiouiſſance
Tous enſemble auec eux,
Voyans mettre à oultrance
Les Hannetons pœureux:
La vinee
Ceſte annee,
Malgré eux ſera
Redoublee,
L’aſſemblee
Du meilleur boira.
   I E S V S C H R I S T debonnaire
Voy nous donc en pitié,
Ne nous ſois point ſeuere:
Par ta grande amitié,
Ta main forte
Face en ſorte,
Que le vin nouueau,
Tant foyſonne,

Qu’on

Qu'on en donne
Pour le pris de l'eau.

Chanſon nouuelle d'vne ieune fille d'Augiers,
   qui s'eſt laiſſee embraſſer ſous les Lauriers,
   Sur le chant, de la Rochelle, &c.

VOulez ouyr chanter
Vne chanſon mignarde,
D'vn ieune homme d'Angeis,
D'vne fille gaillarde,
Bien plaiſante à mon gré:
De la nommer n'ay garde
De peur d'eſtre blaſmé.
   Filles qui voulez faire
   L'amour ſouz le laurier,
   Soyez vn peu plus ſages
   Sans vous laiſſer tomber.
Ie vous veux aduertir
De ce bien galland homme,
Qui la print par la main,
Luy a dit, ma mignonne,
Donne moy ton tetin,

Luy met la main au ventre,
La renuerfe à la fin.
          Filles qui voulez faire,&c.
Las,helas mon amy
Que me voulez vous faire?
Las,fauuez mon honneur:
Vous fçauez que ma mere   bis
Le fachant, qu'lle dira,
Ie ferois eshontee:
Las,oftez vous de là.
          Filles qui voulez faire,&c.
Ne vous tourmentez plus
Madame,ie vous prie,
Nous fommes à l'affaut,
La ville eft gaignee: bis
M'amie ne plorez plus,
Hauffez vn peu les iambes
Pour branfler plus menu.
          Filles qui voulez faire,&c.
Si toft qu'il fut dedans
Ne fift plus la rufee,
Si toft qu'elle fentit
L'odeur de la rofee,   bis
Qui

Qui luy rauit le cœur,
Luy disant mon ami,
Voyla grande douceur.
    Filles qui voulez faire,&c.
Mais helas, ie ne crains
Que de deuenir grosse,
Que dirons mes parens?
I'ayme mieux estre morte,   bis
S'il en aduient ainsi,
Par ma foy ie vous iure
Qu'ils me tueront aufsi.
    Filles qui voulez faire,&c.
Las, n'ayez point de peur,
Madame ie vous prie,
I'ay vn remede seur
Duquel ie remedie,   bis
Ne vous en tormentez,
Ie l'ay bien faict à d'autres
Qui s'en sont bien trouuez.
    Filles qui voulez faire,&c.
Allez vous en deuant,
Madame ie vous prie,
De peur que quelques gens

N'entrent en ialoufie:
Ie vous ferois grand tort,
Ie m'en vay par la chaine
Me rendre fur le port.
    Filles qui voulez faire,&c.

Icy vous pouuez voir
Toutes ces belles filles,
Qui ont leurs cotillons
Couuert de broderie,
C'eft pour vous abufer,
Entre vous ieunes homes
Ne fi faut pas fier.
    Filles qui voulez faire,&c.

Las vous penfez auoir
Quelques honneftes filles,
Qui font le petit bec,
Les petites poupines:
C'eft pour vous abufer,
Car ell' vont à la chaffe
Au bois, fous le laurier.
    Filles qui voulez faire,&c.

Ie ne veux la nommer
Pour l'honneur que luy porte.

bis

bis

bis

Elle

Elle me refula
L'autre iour à fa porte
Seulement vn baifer,   bis.
Ie luy dis en l'oreille
Vous en repentirez.
    Filles qui voulez faire,&c.
    Ie ne veux point taxer
L'honneur des bonnes filles,
Mais pluftoft les louer
Comm'elles en font dignes,   bis.
Ie leur veux rendre honneur,
D'vne louange & gloire
Qui eft dedans mon cœur
    Filles qui voulez faire,&c.
    Qui a faict la chanfon
C'eft vn bien galland homme,
Qui veut garder l'honneur
De tous ces braues hommes,   bis.
De peur qu'ils foient trompez:
Quand ell' font bonne mine,
C'eft pour les abufer.
    Filles qui voulez faire,&c.

Chanſon nouuelle d'vn ieune hõme amoureux
de ſa maiſtreſſe, Sur vn chant nouueau.

SYmonet ſeruit ſon maiſtre
Sept ans & demy ou plus,
Et ſon maiſtre luy vint dire,
Symonet me my ſers plus,
Ne me ſers plus Symonet,
Ie te pri' que ie te paye
Et ne ſois plus mon valet.

O mon maiſtre, i'ay nom Symonet
Ma maiſtreſſe entend bien ſon fait.
Symonet prend ſon eſpee
Et à ſon coſté la met,
Et ſa maiſtreſſe l'appelle
Vous reuiendrez Symonet,
Vous reuiendrez Symonet,
En deſpit de voſtre maiſtre
Serez touſiours mon valet.

O mon maiſtre, &c.
Symonet ie te ſupplie
Puis que tu t'en veux aller
De ta maiſtreſſe m'amie
Ie te la laiſſe à garder:

Mais

Mais sur tout tu m'entends bien,
De te iouer auec elle
Ie te le defens tresbien.
        O mon maistre,&c.
    Symonet sort à la porte
Et voit son maistre venir,
Le grand diable vous emporte
Qui vous faict si tost venir,
Que dites vous Symonet,
Ie dy que Dieu vous benie,
Ne suis ie pas bon valet?
        O mon maistre,&c.
    Symonet se met à table
Pour boyre & pour manger,
Sa maistresse verse à boyre
Du vin blanc & du clairet,
Beuuons,beuuons Symonet,
En despit de vostre maistre
Serez tousiours mon valet.
        O mon maistre,&c.
    Symonet print sa maistresse
Dessus le lict la getta,
Son maistre lors le regarde
        C   4

Par vn pertuy qu'il y auoit,
Que fais tu Symonnet?
Ie fais ce que tu dois faire,
Ne ſuis ie pas bon vallet:
Ouy mon maiſtre, ie ſuis Symonnet,
Ma maiſtreſſe entend bien ſon fait.
    Symonnet va à la rue
Il veid ſon maiſtre venir,
Le grand diable vous emmeine
Et cil qui vous fait venir,
Que dits tu, dy Symonnet,
Ie dits que Dieu vous ameine,
Ne ſuis ie pas bon vallet:
Ouy mon maiſtre, ie ſuis Symonnet,
Ma maiſtreſſe entend bien ſon fait.

Chanſon nouuelle fort recreatiue de la mort & dernier propos de Simonnet, eſtant en la ville de Rouen. Enſemble le teſtament qu'il a faict deuant ſa maiſtreſſe, & les regrets qu'il auoit de la laiſſer, Sur le meſme chant dudict Symonnet.

HElas ma pauure maiſtreſſe
Voſtre mignon Symonnet

A bien

A bien du dueil & tristesse
De laisser le Cabinet:
N'auez vous point de pitié
Ie vous pry' que ie vous baise
Encore vn coup d'amitié.
   O mon maistre
   Simonnet se meurt,
   Ma maistresse
   En faict mille pleurs.
   Mon maistre,ie vous supplie
Helas,de me pardonner
Si i'ay mangé la bouillye,
Sans en rien vous en donner,
Sur moy n'vsez point d'effort,
Priez Dieu pour ma pauure ame,
Car ie m'en vois estre mort.
   O mon maistre
   Simonnet se meurt,
   Ma maistresse
   En faict mille pleurs.
   Ne plorez plus ma maistresse,
Endurez patiemment,
La queuë plus ne me dresse

C   5

Pour voftre contentement,
Mon maiftre fera pour moy,
Portez luy obeyſſance
Comme femme de bien doit.
    O mon maiftre
    Symonet fe meurt,
    Ma maiftreſſe
    En faict mille pleurs.
Maiftreſſe pour recompenfe
Ie vous donne mon chappeau,
Et mon vieil pot à vne anſſe
Auec mon collet de peau:
Au maiftre mon caſaquin
Auec vne ratiſſoire
Et mon pauure mannequin.
    O mon maiftre
    Symonet fe meurt,
    Ma maiftreſſe
    En faict mille pleurs.
Mon pere ie vous delaiſſe
Ma ceinture & mon coufteau,
Auecques vne vieille leſſe
Où eft lié noftre veau,

A m̃

A ma mere mes souliers
Aussi ma neufue courroye
Auec mes beaux estriers.
O mon maistre
Symonet se meurt.
Ma maistresse
En faict mille pleurs.
Helas ma pauure maistresse
J'ay regret de te laisser,
Plus ne te feray caresse,
Vueille moy donc pardonner,
Car le pauure Symonet
Va au royaume des taupes
Faire son dernier arrest.
O mon maistre
Symonet se meurt,
Ma maistresse
En faict mille pleurs.
Mon pere, ma mere, & maistresse
Auec ma maistresse aussi,
Ie vous prie faictes moy mettre,
Mais que ie sois obscurcy,
Dans vn caueau plein de vin,

A fin

A fin que ma pauure gorge
N'aye iamais ſoif ne faim.
   O mon maiſtre
   Simonnet ſe meurt,
   Ma maiſtreſſe
   En faict mille pleurs.
   Simonnet va rendre l'ame
En diſant tous ces propos,
Helas, ceſte pauure femme
Deſeſperoit ſans repos,
De voir ſon pauure fouailleur
Lequel emportoit ſa ioye
Prions pour luy de bon cœur.
   Las quel perte
   De ce Simonnet,
   Sa maiſtreſſe
   En faict grand regret.

Le May des Dames, Drollerie ſur le
chant de Vredinguette, &c.

VOus amoureux de la ville,
Qui d'vne façon ciuile,

Seruez

Seruez le Cyprinet beau,
        Nargue & fest,
        Seruez le Cyprinet beau
        Cric & croc.

        Employez & cœurs & ames,
Pour planter le May des dames,
En ce mois verd & nouueau,
        Nargue &c.

        En ce mois verd & nouueau.
De moy qui suis Damoiselle,
Mignarde, plaisante & belle,
Ie le veux dans l'oripeau.

        Nargue, &c.
        La bourgeoise assez mignonne,
Veut aussi que on luy donne,
Quelque bon gros chalumeau.
        Nargue &c.

        La marchande se degoise,
Et dit qu'elle prendra noise
S'il n'est plus long qu'vn flambeau.
        Nargue &c.

        La seruante Guillemette,
Veut qu'en son trou on luy mette,
        Aussi

Auſsi grand que le chapeau.
Nargue &c.

Les gentilles chercuitieres,
Et les ſaliſſons tripieres
En veulent au gros muſeau.
Nargue &c.

Grandes & petites filles
Amiables & gentilles
Leuent ia leur deuanteau.
Nargue &c.

Auant plaiſantes couturieres,
Et vous belles bounetieres
Cela vaut mieux que du veau.
Nargue & c.

Patenoſtrieres gaillardes
Demonſtrez vous fretillardes,
A chaque coup de marteau.
Nargue &c.

Sus ſandrieres amoureuſes
Mettez pour plus eſtre heureuſes
Ce may dans voſtre préau.
Nargue &c.

Aprochez vous lauandieres,

Ee

Et vous gayes harangeres,
Il le faut rafraischir d'eau.
    Nargue &c.

    Pour euiter facherie,
N'en prenez point ie vous prie
Vn qui n'aura que la peau.
    Nargue &c.

    Qu'il soit gros de bonne sorte
Qu'il ayt l'eschine bien forte,
Et le groin d'vn gras pourceau.
    Nargue &c.

    Souuent on l'arrouse & mouille,
Et pour le prendre on despouille
Chemise, cotte & manteau.
    Nargue &c.

    Plustost on ira sans doubte,
Vous le porter, somme toute
Iusqu'aux fauxbours S. Marceau.
    Nargue &c.

    Receuez mes dames doncques,
Dedans vos sombres spelonques
Ce may si gentil & beau.
    Nargue &c.

Chan.

Chansons
Chanson nouuelle.

SI l'amour de la diuine essence
M'enflamboit dans le cœur,
Comme fait celle de ta presence
Pour t'estre seruiteur,
Las que heureux ie serois,   bis
Las que heureux ie m'estimerois.

Si iauois autant de peur & crainte
D'offenser le sainct nom,
Comme i'ay tant seulement la crainte
D'offenser ton renom,
Ie n'aurois peur d'estre damné,   bis
Ie n'aurois peur d'en estre condamné.

O combien sur nous peut la rancune
De ces vieux rigoureux.
O combien sur nous peut la fortune
Qui nous fait amoureux.
O combien peut vne beauté,   bis
O combien peut la grieue cruauté.

Las m'amour ne te veux tu pas rédre
Pour m'oster hors d'esmoy?
Las m'amour ne veux tu pas estendre
Ton

Ton œil friant sur moy?
Sans m'eslongner de mon deuoir,   bis
Sans m'estranger de mon loyal espoir.
   Si ainsi est helas, que tu m'estrange
De mes chastes amours,
Ie m'en iray en vn pays estrange
Pour y finir mes iours:
Pauure helas! que feray-ie?   bis
Pauure helas à qui me rendray-ie?
   Ie vois bié qu'amour me fait la guerre
M'addressant vers tes yeux,
Tu sais bié que tó cœur m'est côtraire,
Voire trop rigoureux:
Mais ie voy bien que mon destin.   bis
M'accompagnera iusques à ma fin.
   Quand ie vois ceste chaine doree
S'espandre sur tes seins,
Las mon Dieu que n'es tu enchainee
Du chainon de mes mains:
Ou que n'es tu dé mon tourment   bis
Prise & enchainee rudement.
   O combien me seroit aggreable
De l'amour la fureur,

                              c

Si i'auois ce plaifir,honnorable
De ton fi gentil cœur:
O doux plaifir que ié t'attens,   bis
O doux plaifir ne tarde plus lóg temps.
  Si l'ardeur de mon mal importable
Eftoit fi fort fur toy,
Voudrois tu que fiffe le femblable
Comme tu fais de moy?
Dis moy pourquoy tardes tu tant,   bis
Dis moy pourquoy ne me rés tu côtét?
  Las m'amour ie te pri' pren l'enuie
De m'aimer fermement,
Et tu donneras à ma vie
Vn grand contentement;
Ou autrement vaincu ie fuis   bis
Et plus longuement viure ie ne puis.
  Chanfon va t'en en la maifon de celle
Que ie fuis defireux,
Cháfó va t'en pour choifir la plus belle
Qui foit deffous les cieux,   bis
Et luy diras fans fa mercy
Que fon amy s'en va bien toft mourir.
                                    Chap

Chanson nouuelle.
Aubade quatriesme.

LEntin veux tu sçauoir comme
Ie vys estant amoureux,
Ie ne croy point qu'il soit homme
Viuant plus que moy heureux.

I'ay acquis vne maistresse
Belle trop plus que le iour,
Qui me tient en allegresse
Et perpetuelle'amour.

Son amour est mutuelle
Pleine de toute bonté,
Elle ne m'est point cruelle
Comme celle du Conté.

Bien qu'vn autre la courtise
Ie n'en deuient point ialoux,
Connoissant que sans feintise
Elle m'ayme parsus tous.

Ie l'embrasse, ie l'accolle,
Ie la baise quand ie veux,
Et d'vne main gaye & folle
Ie tortille ses cheueux.

Puis derechef ie l'embraſſe.
La contemplant ocieux:
En me mirant dans ſa face
Et dans ſes yeux gracieux.
  Ainſi béeant ie demeure
Comme le milan par l'air,
Et la voyant rire a l'heure
Ie recouure le parler.
  Puis derechef, ie retourne
Plus fort à la mugueter,
Que ſi elle ſe detourne.
Ie la contrains d'arreſter.
  Tenant ſa main fretillarde
Elle penſe m'echapper,
En faiſant de la mignarde,
Pour apres me refrapper.
  Si elle ſe veut esbatre
Auec moy, ie luy permets,
De me battre pour la battre,
Puis apres ie fay la paix.
  Mais ce battre ne l'attiſe,
A courroux de ſe vanger,
Ce n'eſt qu'vne mignardiſe

Que ie fay pour la ranger:
Car apres ie l'amadoue
Pour promptement l'appaiſer,
Luy diſant que ie me ioue,
Et puis ie la viens baiſer.
Elle ſe contient pour l'heure
De plus tant me tracaſſer
Pour d'vne grace meilleure
Ses beaux yeux recommencer.
Pour choſe que ie luy face
Elle n'en prend point d'eſmoy,
Et ie ſçay bien de ſa grace
Qu'elle n'ayme autre que moy.
D'vn deſir inſatiable
Elle me vient embraſſer
Quand elle voit amyable
Que ie la viens careſſer.
Nous nous baiſotons enſemble
Et mon ſecret ie luy dis,
Et la baiſant il me ſemble
Que ie volle en paradis.
Mon Dieu, que i'ay de lieſſe
D'ouyr les diuers accords

Que prononce ma Deesse
Quand sur son gyron ie dors.
  Iamais voix d'vne Sereine
Ne fut si douce à ouyr
Que la sienne souueraine
Qui tant me fait resiouyr.
  Et suis certain que la bonde
De son chant melodieux
Et de sa douce faconde
Endormiroit tous les Dieux.
  Estant panché dessus elle
Comme Venus sur Adon,
Tout en plaisir ie sommeille
Comme Ascane sur Didon.
  Ainsi sommeilloit Lucine
En eternelle vnion
Sur la bouchette doucine
De son doux Endymion.
  Ainsi prent madamoyselle
Sur ma face son repos,
Puis quand elle se reueille
Elle me tient ces propos.
  Ma barbelette doree,

Mon miel, & mon succre doux,
Ma douce manne etheree,
Serez vous pas mon espoux?
    Vous sçauez que mariage
Nous est ordonné de Dieu
Pour croistre l'humain lignage
Dessus ce terrestre lieu.
    Ie n'ay eu iamais enuie
D'autre mary me pouruoir
Que vous, mon bien & ma vie,
S'il vous plait me receuoir.
    Car les Cieux m'ont destinee
Pour estre vostre moitié,
O que ie suis fortunee
D'entrer en vostre amitié.
    Venez donc mon Tironore,
Venez doncques toutes les nuictz
Dormir auec vostre Aurore,
Et vous l'osterez d'ennuyz.
    Chanson la main qui te trace
Auiourd'huy pour son guerdon
Toute allegre prendra place
Au dortoir de Cupidon.

Chanſons

Chanſon nouuelle des regretz d'vne Dame de Rouen eſtãt à l'article de la mort, ſe repẽ-tant de s'eſtre mal gouuernee durãt ſa ieu-neſſe, Sur le chant de Dames d'honneur ie vous prie, &c.

E Scoutez dames, eſcoutez la com-
    plaincte
Et les regretz d'vne dame hautaine
Laquelle eſtant en l'article de mort,
De ſes pechez auoit vn grand remort.
    Vous entendrez le maintiẽ de ſa vie,
Comm'en Luxure, Gloutõnie & Enuie
Elle veſcut s'abandonnant à tous,
Ainſi veſcut, ainſi fina ſes iours.
    Trois maris eut, cõioints par mariage:
Mais à tous trois fit b é pauure meſna-
Tant ell' eſtoit ſubiecte à ſon plaiſir, (ge,
Et pour complaire à ſon charnel deſir,
    Mirez vous y damoiſelles de France,
Et contemplez la belle repentance
De ceſte cy, & oyez le diſcours
Qu'elle fit lors qu'elle fina ſes iours.
    Puis qu'ainſi eſt q le mal me tormẽte,

Et

Et qu'en ma vie il n'y a plus d'attente,
Auoir me faut recours au treshaut Dieu
Et confesser mes mesfaits en ce lieu.
    Voicy le téps venu que rédre compte
Il me faudra, & à tresgrande honte
De tous mes maux & pechez q̃ i'ay faits
En mó ieun'aage tãt en dits cõm'é faits.
    Las, i'ay commis vn si cruel outrage
Que i'ay grãd peur d'é perdre l'herita-
De Paradis, ou n'y a qu'amitié: (ge
Mais Dieu aura de mon ame pitié.
    Las quãd ie pése à ma folle ieunesse,
Danses & ieux, ce m'estoit grand liesse,
Allant souuent en nopces, en banquets,
Ou tousiours sõt balladins & muguets.
    Ce sont les lieux ou i'ay esté deceüe
Par ma beauté y estant apperceüe:
Femmes & filles, prenez exéple à moy,
Et ne vueillez pas faire comme moy.
    Ayez esgard à ma folle diuerse
Ne vous laissez tomber à la renuerse,
Comme i'ay fait abusant mon mary,
Dont i'ay le cœur dolét triste & marry.
d 5

Helas helas, n'eſt ce pas grãd outrage
D'auoir ainſi rompu mon mariage
Par tant de fois, i'en cri' à Dieu mercy:
Car ie voy biẽ qu'il me cõuient mourir.
   D'autres pechez, i'ay fait vn treſgrãd
nombre.
Las qui me font maintenãt dur encõbre,
Pour me cuyder mettre à damnation,
Mais i'ay eſpoir d'auoir ſaluation.
   En priant Dieu, par ſa bonté diuine
Que deſſus moy ſa clarté illumine,
Car c'eſt celuy qui eſt mon ſauuement,
Où chacun doit mettre ſon fondemẽt.
   Car puis qu'il faut q̃ de ce mõde parte,
Et que l'eſprit de mõ corps ſe departe,
Puiſſe là ſus aller en paradis,
Auec les ſainctz: Or entendez mes ditz.
   Quãd ceſte femme eut finé ſa parolle
Qui ne doit point eſtre tenu friuolle,
Incontinent ſe print à ſouſpirer
Ce que ſon cœur en pouuoit aſpirer.
   Incontinent ſa parolle elle adreſſe
Vers ſon mary, en gemiſſant ſans ceſſe,
                      Luy.

Luy suppliant de grand' affection
Qu'il eut pitié d'elle & compassion.
  Pardonnez moy, dit elle, ie vous prie
Tous les mesfaits que vous fis en ma
Ie sçay assez que vous ay offensé (vie,
Tresgriefuement & plus que ne pensez.
  Car i'ay rompu la foy, & la promesse
Que vo deuois, dôt i'ay au cœur tristes
M'abandonnât à vn autre qu'à vous (se
Qui est le trait qui abrege mes iours.
  Puis contre vous i'ay esté depiteuse,
Dôt i'estois bié meschâte, & malheureu
Ie ne pensois qu'à rire & à gaudir, (se;
Et accomplir mon faux charnel desir.
  Pardonnez moy, mon amy, ce dit elle
Afin que i'aille en la gloire eternelle;
Et que ceux là qui orront mes clameurs
Ayent pitié de mes griefues douleurs.
  Or monde à Dieu, toute la terre ronde
A to mortels pour ce iourd'huy abôde:
A Dieu mignô où i'ay prins mô plaisir,
Car maintenât il me conuient mourir.
Mourir m'é vois en la fleur de mô age,
                          En

En grãd regret n'ayãt que trét'ãs d'age,
Ie prens congé de tous mes bons amis,
Et pardonnant à tous mes ennemis,
   N'euft pas pluitoft fa parolle faillie
Que fa pauure ame, eft de fõ corps fail-
Abandõnant ce miferable corps   (lie:
Pour autre part aller chercher repos.
   Souuenez vo⁹, mes dames de l'hiftoire
De cefte femme qui eft affez notoire:
Tous les regrets & pleurs auez ouy
Faicts à fa mort douloreux & plaintif.
   Se repentant de fa mefchante vie
Et d'eftre tant à peché afferuie:
Elle viuant, trois marys efpoufa
Eftant fort ieune, ou trefmal s'aquitta.
   Incontinent qu'elle fut defpechee
De fõ premier, s'eft trefmal gouuernee,
Et du fecond auffi pareillement
Tenãt boutique ouuerte à tout venant.
   Puis elle fut au tiers remariee
Qui en a eu piteufe deftinee,
De plus en plus orde vie menoit,
Pis en faifoit quand on luy remõftroit:
                      Dont

Dõt son mary ne sachãt plus que faire
Fut lors contraint autre part se retraire:
Mais Dieu qui rien ne laisse à punir
De ses masfaits l'en a voulu punir,
 Luy enuoyant vne grand' maladie
Dont elle est morte dolente & esbahie:
Mais elle estant en l'article de mort,
De ses pechez ell' eut grand remort.
 Or vous (humains) tãt en dits qu'en pé
Priez Iesus pour ceste trespassee,   (see
Qu'il luy remette ses pechez inhumais
Et qu'il reçoiue sõ ame entre ses mains.

Autre chanson neuuelle.

Qve n'ay-ie la langue aussi pronte
 Lors qu'en treblãt ie vous racõte
L'ardeur qui me fait consumer.
 Que ie fus pront à vous aimer?
 Quand vostre œil de moy se retire
Ie conte si bien mon martyre
Et l'effort de vostre rigueur,
Qu'il n'y a rocher si sauuage,

Bois si dur, ne si sourd riuage
Qui n'ait pitié de ma langueur.
Mes yeux deux riuieres coulantes,
Mes paroles toutes brulantes,
Mes souspirs menus & pressez
Ma douleur tesmoignent assez.
Mais dés que de vous ie m'approche
Mon cœur se gelle & deuient roche:
Deuant vos attraits gracieux
Ie pers esprit, voix & halaine:
Et voulant vous conter ma peine
Ie ne sçay parler que des yeux.

Huittain.

Du tout ie veux, de Cupido les armes
Abandonner, ie veux suyure à iamais
D'vn Mars hydeux, les assaux & alarmes,
Le cannonner, i'apprendray desormais:
Ie ne veux point, de la dame Venus (nus:
Suyure vn seul point, ses doux esbas me
De ce grãd Mars, ioyeux i'embrasseray
Les estandars, & par tout les suyuray

Chanson

Chanson nouuelle sur le chant, *Quant ce beau printemps ie voy,&c.*

Qvand tu deignes de tenter,
D'enfanter,
Quelque propos de ta bouche,
Les vens se rendent tous cois,
De ta vois,
Tant le miel au vif les touche.
Et si tu dresses tes yeux
Vers les cieux,
Grossissans de mainte pluye,
D'iceux la viue clarté,
Et beauté,
Toute l'humeur en essuye.
La terre dessous tes pieds
Dessiez,
Quand l'Aurore est esueillée,
Fort ioyeuse de te voir,
Fait deuoir,
D'estre de fleurs esmaillee.
Puis te vient à conuier
De trier

Du

Chanfons

Du plus beau de fa cheuance:
S'eſtimant à grand honneur,
Et bon heur,
Quand ta main à ce s'aduance.
Bref ſeule tu as pouuoir
D'eſmouuoir
A demener alegreſſe,
Les vens, les rocs, & la mer,
Auſsi l'air,
Et tout ce que ton pied preſſe.
Ceocyre, ie ſuis ſeul,
Que ton œil
Veut entierement deſtruire:
Et n'ay iamais apperceu
Que ſon feu
Doucement m'ait voulu luire.
Au lieu de m'eſtre piteux,
Amoureux,
En mon tourment ſecourable:
Ie n'eſſaye que douleur,
Que rigueur,
Qui deſia du tout m'accable.
Mais las, i'eſpere qu'amour,

Quel

Nouuelles.

Quelque iour,
Te naurant de sa sagette,
Me fera en fin contant,
Te rendant
En mon endroit doucelette.

Autre Chanson.

QVel feu par les vents animé
Quel mont nuict & iour consumé
Passe mon amoureuse flame?
Et quel Occean fluctueux
Escume en flote impetueux
Si fort que la mer de mon ame?

L'Hyuer n'a point tant de glaçons,
L'Esté tant de iaunes moissons,
L'Afrique de chaudes areines,
Le Ciel de feux estincelans,
Et la Nuict de songes volans,
Que pour vous i'endure de peines.

Toute douleur qui nous suruient,
Peu à peu moins forte deuient.
Le temps comme vn songe l'emporte:
Mais il ne faut pas esperer

Que le temps puiſſe moderer
Le mal que voſtre œil nous apporte.
Rien n'eſt icy bas de conſtant,
Et tout ſe change en vn inſtant
Deſſous le cercle de la Lune,
Les ſaiſons, les iours, & les nuicts:
Sans plus mes amoureux ennuis
Sont hors de la reigle commune.
Ce iour me fut bien malheureux,
Que ie vey vos yeux rigoureux,
Quand les miens nouueaux tributaires
Rendirent mes ſens & mon cœur
Aux chaines de voſtre rigueur
Depuis liez comme forçaires.
Encor le forçaire arreſté
S'allege en ſa captiuité,
L'eſpoir luy promet deliurance,
Mais en mon empriſonnement
Ie n'attens point d'ailegement,
La mort ſeule eſt mon eſperance.
Comme le Chaſſeur va ſuyuant
La beſte qui volle deuant,
Laiſſant celle qui ſe vient rendre:

Ainſi

Ainſi la mort qui tout deſtruit,
Chaſſe apres celuy qui la fuit,
Et ſe dedaigne de me prendre.

Le iour que ie fus aſſeruy,
Ie vey bien, lors que ie vous vey
Mille beautez vous faire hommage,
Mille amours, mille & mille appas,
Mais (ô chetif,) ie ne vey pas
Mon mal peint en voſtre viſage.

Rauy de vos perfections,
Ie ne peux voir les paſsions
Sortans des rais de voſtre veuë,
Non plus que le paſteur laſſé,
Qui deſſus les fleurs renuerſé
Ne voit le ſerpent qui le tue.

Ce qui rend mon mal plus amer,
C'eſt qu'en ſouffrant pour vous aimer,
Douleur qui ne peut eſtre dicte,
Ie n'en dois attendre aucun bien:
Car toute peine eſt moins que rien,
En eſgar à voſtre merite.

Si vous aymant i'ay trop oſé,
Amour me doit rendre excuſé:

C'eſt vn enfant ſans cognoiſſance:
De moy, quoy qu'il faille ſentir,
Ie ne me ſçaurois repentir
D'auoir commis ſi belle offence.

Le plus ſouuent en vous voyant,
La peur va mes ſens effroyant,
Et le deſeſpoir qui m'eſtonne,
Tout froid contre mon cœur ſe ioint:
Et donroy, pour ne nous voir point,
Le plaiſir que voſtre œil me donne.

D'autrefois quand tout abbatu
Ie languy foible & ſans vertu,
Voſtre beauté ma mort retarde:
Deuant vous mes ſoucis s'en vont,
Et du mal que vos yeux me font,
Ie guary quand ie vous regarde.

Le traiſtre ennemy de ma paix
Me voyant tomber ſous le faix,
A peur que trop toſt ie finiſſe:
Et fait comme vn bourreau cruel,
Qui donne à boire au criminel
Pour le reſeruer au ſupplice.

Ainſi pour plus me tourmenter,
Quel

Quelquefois il me fait gouster
D'vn plaisir de peu de durée:
Mais las, i'esprouue aussi soudain
Que ce n'est qu'vn songe incertain,
Et que ma peine est asseurée.

  Mon cœur qui souloit parauant
Voler leger comme le vent
Au gré de mille Damoiselles,
Vole autour de vous seulement,
Comme oiseau pris nouuellement
Auquel on a coupé les æles,
  Quelquefois lassé d'endurer:
Ie suis contraint de murmurer,
Inuoquant la Mort inhumaine:
Mais quand ie la sens accourir,
Ie tremble, & ne veux pas mourir
De peur de voir mourir ma peine.

  Mais en vain i'irois esperant
De trouuer remede en mourant,
Contre le desir qui m'enflame,
Tousiours durera ma douleur:
Car mon amoureuse chaleur
Est de l'essence de mon ame.

Autre chanson nouuelle.

EN quel desert, en quel bois plus sau
    uage,
Cruel amour me pourroy-ie sauuer,
Pour t'empescher de me venir trouuer,
Et m'affranchir de ton cruel seruage?
    Las! ie pésois en m'eslongnát de celle,
Qui tient mon cœur en ses yeux arresté,
Me retirer franc de captiuité,
Et voir la fin de ma douleur cruelle.
    Mais c'est en vain: car lors que ie
    m'absente,
Ie laisse helas, mon cœur emprisonné,
Et mon esprit durement enchaisné,
N'emportant rien, que ce qui me tour-
    mente.
    Plus ie suis loing plus mon desir s'al-
    lume,
Ie ne puis plus ses efforts endurer,
Helas, voyez si ie dois esperer:
Plus loíg du feu plus fort ie me cõsume.
    Ie ne voy rié que des nuicts eternelles
Pleines d'horreur, de siléce, & d'effroy,
                                    Et

Et la frayeur qui me réd hors de moy,
Me fait souffrir des angoisses mortelles.
    On ne meurt point d'vne extreme tri
      stesse,
Bien que l'esprit soit du corps separé:
S'il estoit vray,ie n'eusse tant duré, (se.
Et par ma mort ma douleur eust pris ces-
    Tu as beau faire , ô Soleil ta reueue,
Enflammant l'air d'vne belle clarté,
Tu ne sçaurois chasser l'obscurité,
Qui m'accópagne & q couure ma veue.
    Tu luis par tout,fors que dedás mon
      ame,
Mais dedás moy tu n'as point de pouoir
Nulle clarté ie ne puis receuoir,
S'elle ne vient des beaux yeux de ma
      Dame.
    Cóme la nuict les ombrages se leuét
Quand le Soleil caché son poil doré:
Lors que ie voy mon Soleil retiré
Ie sens leuer les ennuis qui me greuent.
    Le desespoir de mon cœur se rend
      maistre.

                        4

Rien ne fçauroit contre luy m'affeurer
Et les foucis qui me font foufpirer,
De mes penfers d'autre penfers font
    naiftre.

Helas, chaffez cefte rage importune,
Trifte penfers plein de feuerité:
Ne fuffit-il que ie fois tormenté
De defefpoir, d'amour & de fortune?

Le defefpoir iamais ne me delaiffe,
L'amour cruel fe plaift à mon tourmét,
Et du malheur vient ceft efloignemét,
Chargeant mon cœur d'vne angoiffeu-
    fe preffe.

Et vous encor importunes penfées,
Côme énemis par tout vous me fuyuez:
Mon mal vous plaift, de ma mort vous
    viuez,
Et me laffant vous n'eftes point laffées.

Soit que Phebus enuironne la terre,
Soit que la nuict metre fin à fon cours,
Obftinémét vous me preffez toufiours,
Troublans mon cœur d'vne immortel-
    le guerre.

Et

Et pour bannir ma debile esperance,
Vous m'apportez ce loyer de ma foy,
Que ma Diane a chassé loing de soy
De nostre amour toute sa souuenance.

Ie n'en croy rié, il ne se sçauroit faire,
Ie suis tropt seur de son ferme vouloir,
Et que le téps ne l'en peut demouuoir,
Ny ce qui est à l'amour plus contraire.

Mais toutesfois quand pleine d'in-
constance,
De moy chetif, son cœur s'estrangeroit,
Iamais pourtant le mien ne changeroit,
Ie veux mourir sous son obeissance.

Chanson nouuelle de Paix, Vnion & Concor-
de: Sur le chant, La piafe des filles.

Paix.

VNion & Concorde
Oyez vous point la voiz
Criant misericorde

5

Redoublant tant de fois:
Sont ce point les pauures François
Qui font en peine,
Il nous faut pour les fecourir
Toft y courir.

Concorde.

Ie croy que c'eft la Guerre,
Noife, Diffention,
Qui ont de les conquerre
Toutes intention:
Mais fi m'en croyez nous irons
Leur faire tefte,
Dites en voftre opinion
Dame Vnion.

Vnion.

Vrayement dame Concorde
Vous parlez fagement,
De ce ie m'y accorde,
Allons donc promptement,

Allons

Allons leur toutes vistement
Donner la chasse,
Allons, pour les faire saillir
Les assaillir.

Guerre.

Helas, Dame Discorde,
Voyez vous point par l'air
Paix, Vnion, Concorde
Ensemblement parler?
Helas, ie croy que c'est pour nous
Chasser de France:
S'il est ainsi, bien tost nous faut
Gaigner le haut.

Guerre.

Ie voy, comme tempeste,
Venir dame Amitié,
Qui vient pour faire teste
A dame Inimitié,
Ie voy reluire l'estendart

Et la banniere
Conduite par Humilité
Et Chasteté.

guerre.

Où est dame Querelle,
Et vous mon Lieutenant
Mars, ce guerrier fidele,
Où est il maintenant?
Où est Noise & Dissention?
Où est Enuie?
Où sont aussi les principaux
De mes supposts?

guerre.

N'ay-ie pour ma defence
Que cecy seulement?
Venez dame Arrogance
Auec moy vistement,
Et amenez toutes vos seurs:
Car sans attendre

Il nous faut toutes assembler
Pour s'en aller.

Guerre.

Luxure & Gloutonnie
Hastez vous de venir,
Suiuez la compagnie
Sans plus cy vous tenir,
Suiuez vostre gouuerneur Mars
Suiuez ma troupe,
Suiuez toutes diligemment
Mon regiment.

Guerre.

Et vous aussi Blaspheme,
Maugreeurs & Iureurs,
Renieurs de Baptesme,
Et tous blasphemateurs:
Et vous Orgueil, Ambition,
Debat, & Haine
Suiuez, sans attendre plus tard,

Mon eftendard.

Guerre.

Sommes nous icy toutes,
Ne refte il plus rien?
Fuyons d'icy tretoutes
Et n'attendons plus rien:
Fuyons ces trois dames, Vnion,
Paix & Concorde,
Car nous ne pourrions contefter
Ny refifter.

Mars.

Las, que dites vous Guerre
Faut il abandonner
Ce peuple & cefte terre,
Sans point les ruiner?
Failloit il eftre fi long temps
En cefte France,
Pour n'en emporter qu'vne peur
Et deshonneur.

Difcorde

Discorde.
Fuyons donc sans attendre,
Puis qu'il en est besoin,
Et nous en allons rendre
En quelque lieu bien loin:
Allons voir s'il fait sur la mer
Meilleur qu'en terre,
Et laissons ces François en paix
Pour tout iamais.

*Les vaillantises & cheualeureux faicts
d'armes que fait monsieur le Duc
au pays de Flandres.*

Et se chante sur le chant de, Sommiere.

NOble François Prince illustre de
France,
Vaillant guerrier sur tous:ton excelléce
Nous promet ia par tes faicts valeureux
Que tu seras vn iour vn Duc heureux,
Tu as le cœur rempli de hardiesse,
Pour desormais faire mainte proesse.

Ce noble Duc, Flamás ia le redoutét,
N'y a celuy qui n'en foit en grád doute:
L'vn à l'autre difans comme paoureux,
Voicy vn Duc puiſſant & furieux:
Deliberons fagement noſtre affaire,
Ou par ſon cáp nous fera tous deffaire.

Depuis qu'il a mis le pied ſur noz ter-
Il nous a fait vne cruelle guerre,　　(res
Tát par ſurpriſe, eſcarmouche & aſſaux,
Il a conquis maints cantós & chaſteaux,
En no⁹ monſtrát q̃ c'eſt luy q veut eſtre
Le ſucceſſeur de ſes vaillans anceſtres.

Par tous cantós où paſſe ſa perſonne
De voir ſon cáp vn chaſcun s'en eſtóne,
Et les Flamans diſent en leur iargon
Ne penſons pas contre luy tenir bon,
Il vaudroit mieux no⁹ rédre d'alegreſſe
Que par ſes gens nous faire mettre en
　　　　　　　　　　　　　　　　(piece

Móſieur le Duc, pour ta premiere en-
Ta Maieſté eſt deſia redoutee,　　(tree,
Comme

Comme vn Cesar, ou vn Sanson le fort:
On n'y verra nul qui te face effort,
Braue Vallois, viue ta noble race,
Du Roy Fraçois tu ensuis bien la trace.

Tu monstres bien, braue Duc d'excel-
　lence,
Qu'vn fort pillier tu seras pour la Frāce,
Quand ie te voy desia si fierement
Flamans brauer à ton commencement.
Si rudement que semblez sur leur terre
Toy & tó cāp vn foudroyant tónerre.

Car où ce Duc de Royale lignee
A de ses gens quelque partie campee,
Vous le verriez incontinent venir
A son vouloir, pour tost luy obeyr:
Si concluray les voyant ainsi rendre
Qu'en bref seras le vray Cóte de Flādre.

Par tous les lieux, où soit bourgade
　ou ville.
Où les Flamans tiennét par force ville,

f

Chanſons

Et en penſant contre luy faire effort,
Dieu luy permet d'eſtre encores pl' fort:
Et tellement leur monſtre ſa puiſſance
Que maugré eux rendent obeiſſance.

Qu'en dites vous, vous qui auez fait
guerre
Si tres long temps ſur la Fráçoiſe terre?
Tremblez vous point de voir ce ieune
Duc
Qui vous fera vn iour venir au but?
Si me croyez rendez obeiſſance
Au Roy Henry, puis qu'il eſt Roy de
France.
Et vous cantons de la marine riue
Obeiſſez, que nul de vous n'eſtriue,
Craignez ce Duc qui eſt puiſſant & fort,
Et ne penſez contre luy faire effort:
Dieu ne permet ſás Seigneur tenir terre,
Receuez le ou il vous fera guerre.

N'y a ſoldat au camp de ce bon Prince
Qui ne iuge deſia ceſte prouince
Dedans

Dedans bref temps conquise vaillámenr
Par Monseigneur le Duc braue assaillát,
Deliberé ne faire autre exercice
Qu'il n'ait reduit Flandre sous son ser-
        uice.

    Braues soldats, toute la fleur de Fráce,
Monstrez qu'auez vn cœur plein de vail
        lance,
En poursuinant ce qu'auez commencé,
Chacun de vous sera recompensé:
Car vous auez vn chef treícharitable,
Il est benin, vaillant & amiable.

    Pour ce bon Duc prions le Roy de
        gloire,
Sur l'ennemy luy donner la victoire,
Et vn bon heur à ses braues soldats,
Qui de bon cœur suiuent ses estendars:
A leur retour louez de leur prouesse,
Et à chacun vne bonne maistresse.

Chanfons

*Complainéte & regret d'vne Dame ayant
perdu fon honneur. Et fe chante fur le
chant, Dame d'honneur &c.*

PAr où faut-il poure que ie cõméce
Vn trifte chãt, d'vne fi grieue offéce
Et du regret, que i'ay dedans mõ cœur,
Où eft Lymur maintenant ton hõneur?

Ie diray donc ce qui me rend fi pale,
I'ay faiét d'honneur offre trop liberalé
A l'endroit d'vn, qui m'eftoit feruiteur,
Où eft Lymur, maintenant ton hõneur?

Or i'ay rédu deuãt tous tefmoignage,
Que i'ay efté, peu difcrete & mal fage
D'auoir prefté l'oreille à fa grandeur,
Où eft Lymur, maintenant ton hõneur?

Mais qui plus eft, vn chacũ me deprife
D'auoir efté, fi fotte & mal apprinfe,
De n'auoir fceu garder bié mõ hõneur,
Où eft Lymur, maintenant ton hõneur?
Mais

Mais quelque temps seruiteur voulust
        estre,
Et pour vn coup se voulut rédre maistre
Et a esté de moy seul gouuerneur,
Où est Lymur, maintenant ton hôneur?

Fille, de moy qui la chaleur côtemple,
Ce faict icy te seruira d'exemple,
De ne tomber en vn tel deshonneur,
Où est Lymur, maintenant ton hôneur?

Vien à moy viens, la mort qui tout de-
        liure,
Pour retrancher le filet de ma vie,
Ains qu'en mourant ie meure en grand'
        langueur,
Où est Lymur, maintenant ton hôneur?

Las mes amis, apres ma mort finee,
Ma triste fin aussi ma destinee,
Faut qu'en mourant, ie fine ma douleur,
Où est Lymur, maintenant ton hôneur?

Chanfon nouuelle.

SI ie fuis rigoureufe
A qui m'eft feruiteur,
Ne fuis ie pas heureufe
S'il m'aime de bon cœur,
Et qu'il ne fauorife
Autre dame que moy,
Et que feule fuis fur ma foy
Qu'eftime & prife,
Ne le doy ie pas bien aimer
Et bien eftimer.

Si ie luy tiens rudeffe
Sans luy faire faueur,
Penfez vous qu'il me laiffe
Pour s'en aller ailleurs?
Non non, ie vous affeure,
Car il eft trop conftant,
Et ne pourroit viure content
Vne feule heure:
En mon abfence demeure
Sans peine dure.

Pres de moy ſe lamente,
De cela ie m'en ry,
Et plus il ſe tourmente
Iettant de grands ſouſpirs:
Alors ie luy demande
Pourquoy ſouſpirez vous?
Mamie c'eſt pour l'amour de vous
Que ie ſouſpire,
Donnez quelque ſoulagement
A voſtre amant.

Et moy non pitoyable
Ie n'en ay aucun ſoing,
Faiſant la rigoureuſe
Mets ſa reſponſe au loing:
Alors il me careſſe
Et s'approche de moy,
En me diſant, m'amie pourquoy
Telle rudeſſe
Voulez vous faire ſi ſouuent
A voſtre ſeruant.

Lors ie luy fais cognoiſtre

Ma grande cruauté,
Et plus il me voit croiſtre
En telle cruauté,
Il rit, quoy que ie face,
Il me pourſuit toulſiours.
Il cognoiſt pour le faire court
Eſtre en ma grace,
Voulant à moy ſeule obeir
Sans autre ſeruir.

Mais quoy que ie luy face
Il ſe peut aſſeurer
Que ie ſuis deſia laſſe
De le voir martriſer:
Et que ie delibere
L'aimer d'oreſnauant,
Et le tenir pour mon ſeruant
Toute ma vie,
Et luy donner contentement
Au lieu de torment.

Amy ie te ſupplie
Ne te point tourmenter:

Car

Car ie suis desia lasse
De te voir martriser:
Cela tient à mon oncle
Lequel est empesché
A cause du camp qui a esté
Par ces contrees,
Mais quelque iour viendra le temps
Que viurons contens.

Vous auez pris la peine
D'aller à luy parler,
Ie serois bien marrie
Que fussiez abusé:
Mais s'il demeure gueres,
Lettres ie luy enuoyeray,
Pour sauoir des nouuelles
De nos affaires,
Si cela se fera sans luy,
Ou s'il veut venir.

Chanson nouuelle.

FAut il que ie soye
Sans contentement,

Et que l'on me voye
Mourir en tourment,
Et qu'à moy s'addreſſe
Telle cruauté,
Helas ma maiſtreſſe
I'ay mieux merité.
      Aimez moy.
   Mon amour ſans fainte,
Mon deſir parfait,
Ma volonté ſaincte
Requiert autre faict:
Ma perſeuerance
Et ma fermeté
Cherchent recompenſe
De leur loyauté.
      Aimez moy.
   Voſtre fiere mine
Vous vient à plaiſir,
A moy c'eſt ruine
Et mon deſplaiſir:
Que vous ſert il eſtre
Rigoureuſe auſsi,
Amour le grand maiſtre

Nous

Nous l'ordonne ainſi.
Aimez moy.
Si vn autre ſe treuue
Qui ſoit plus loyal,
Et qu'il face preuue
D'amour plus loyal,
Ie veux qu'on me chaſſe
Au feu de malheur,
Et qu'il ait la grace
De plus grand honneur,
Aimez moy.

Reſponſe.
Mais qui te tourmente,
Qui te trouble ainſi,
Demeure en attente
Et hors de ſoucy,
Ceſſant de te plaindre
Pour te reſiouyr,
Eſperant d'attendre
Ce dont veux iouyr.
Ie le veux.
Ie le veux, ie t'aime,

Mais soudainement
D'vn amour extreme
Auras sentiment:
Mais prens esperance
En ma fermeté,
Et auras recompense
Comme as merité.
    Ie le veux.
    Amy ie te prie
Viure en ceste foy
Que tu n'as amie
Qui t'aime comme moy:
Car dedans mon ame
Ie sens le tourment
D'amoureuse flame
Trop cruellement.
    Ie le veux.

Autre

Autre Chanson contre vne nuict trop claire,du mesme Autheur.

O Nuict ialouse, Nuict contre moy
    coniuree,
Qui renflammes le ciel de nouuelle
    clarté,
T'ay-ie donc auiourd'huy tant de fois
    desiree
Pour estre si contraire à ma felicité?
    Pauure moy, ie pensoy qu'à ta brune
        rencontre
Les cieux d'vn noir bandeau deussent
    estre voylez:
Mais comme vn iour d'Esté claire tu fais
    ta monstre,
Semát parmi le Ciel mille feux estoilez.
    Et toy Sœur d'Apollon vagabonde
        courriere,
Qui pour me découurir flambes si clai-
    rement,
Allumes-tu la Nuict d'aussi grande lu-
    miere.

                              Quand

Quand ſans bruit tu deſcés pour baiſer
 ron Amant?
   Helas , s'il t'en ſouuient amoureuſe
    Deeſſe,
Et ſi quelque douceur ſe cueille en le
    baiſant,
Maintenant que ie ſors pour baiſer ma
    Maiſtreſſe,
Que l'argent de ton front ne ſois pas ſi
    luiſant.
   Ah:la fable a menty , les amoureuſes
    flammes
N'eſchaufferent iamais ta froide humi-
    dité:
Mais Pan qui te cogneut du naturel des
    femmes,
T'offrát vne toiſó vainquit ta chaſteté.
   Si tu auois aimé comme on nous fait
    entendre,
Les beaux yeux d'vn berger de long
    ſommeil touchez,
Durant tes chauds deſirs tu aurois peu
    apprendre,
                              Que

Que les larcins d'Amour veulent estre cachez,
    Mais flamboye à ton gré, que ta cor-
    ne argentée
Face de plus en plus ses rais estinceler:
Tu as beau decouurir, ta lumiere em-
    pruntée   (ler.
Mes amoureux secrets ne pourras dece
    Que de fascheuses gens, mon Dieu
    quelle coustume
De demeurer si tard en la rue à causer,
Ostez vous du serain, craignez vous
    point la rheume?
La nuict s'é va passee, allez vous reposer.
    Ie vay, ie vien, ie fuy, i'escoute, me pro
    mene,
Tournât tousiours mes yeux vers le lieu
    desiré,
Mais ie n'auance rien, toute la ruë est
    pleine
De ialoux importuns dôt ie suis esclairé.
    Ie voudrois estre Roy pour faire vne
    ordonnance

Que

Que chafcun deuft la nuict au logis fe
tenir:
Sans plus les amoureux auroyent toute
licence:
Si quelqu'autre y failloit,ie le feroy pu-
nir.
   O Somme,ô doux repos des trauaux
ordinaires,
Charmant par ta douceur les penfers
ennemis,
Charme ces yeux d'Argus, qui me font
fi contraires,
Et retardent mon bien faute d'eftre en-
dormis.
   Mais ie pers(malheureux)le temps &
la parolle,
Le Somme eft affommé d'vn dormir
ocieux,
Puis durant mes regrets la nuict prom-
pte s'enuolle,
Et l'Aurore defia veut defermer les
Cieux.
   Ie m'en vay pour entrer,que rié ne me
retarde,

retarde,

Ie veux de mon manteau mon visage
bouscher:

Mais las,ie m'apperçoy que chacun me
regarde,

Sans estre découuert ie ne puis m'appro
cher.

Ie ne crains pas pour moy,i'ouurirois
vne armee

Pour entrer au seiour qui recelle mon
bien,

Mais ie crains que Madame en peust e-
stre blasmee,

Son repos mille fois m'est plus cher
que le mien.

Quoy m'en iray-ie donc? mais que
voudroy-ie faire?

Aussi bien peu à peu le iour se va leuât.

„O trompeuse esperance , Heureux cil
qui n'espere

„Autre loyer d'Amour,que mal en bien
seruant.

Chanſons

Autre chanſon nouuelle d'vn ſoldat de Poyctiers.

OR maintenant il me faut viure
Comme vn ſauuage par les bois,
Car autrement n'oſerois ſuyure
Le grand chemin de toutes voyes.

Autre choſe n'ay pour retraicte
Que la maiſon d'vn foreſtier,
Là où n'y a que pomme aigres,
Autre choſe n'ay que manger.

Dedans ce boys y a vne foſſe
Enuironnée de toutes eaux,
Là où il n'y a nulle ſource,
Et ſi n'y a point de ruiſſeaux.

De mon chappeau fais vne coupe
Pour boire de ceſte belle eau,
I'ay beu tant que la ſoif me paſſe,
Ie m'en vois à mon cauerneau.

Là dedans ie fay ma complaincte,
En regrettant tous mes parens,
Sans oublier ma pauure femme,
Ma femme,& mes petits enfans,

Incontinent monsieur me mande
Que i'aille à luy parler,
Ne sachant rien de l'entreprise
Ie me suis pris à cheminer:

Alors ie les vis tous en armes,
Mon cœur se print à souspirer:
Helas,mon Dieu, las que sera-ce
Si nous n'entrons dedans Poyctiers?

Si dedans Poyctiers ie puis estre,
Dedans Poyctiers en ma maison,
Braue cil qui me fera prendre
Les armes sans occasion.

Si autre fois ie les ay prise,
C'estoit an le seruice du Roy,
Ne sachant rien de l'entreprise

Chanson
Le malheur est tombé sur moy.

Celuy qui la chanson a faicte
C'a esté vn braue soldat,
Estant posé en sentinelle,
Se promenant le long d'vn bois.

MAis las, di moy, ma Ceocyre,
	Mon seul soulas, mon grand'
martyre,
Ma doucelette, ma rigueur:
Mon tout, mó rien, ma mort, ma vie,
Ma fidelle, mon ennemie,
Ma grand foiblesse, ma vigueur.

Ma blanchelette, ma brunette,
Mon seul danger, & ma retraite,
Mon fiel amer, & mon miel doux:
Ma toute bonne, ma mauuaise,
Ma glace, ma cuisante braize,
Ma seule paix, & mon courroux.

Dimoy

Di-moy, m'amour, ay-ie en ta grace
    Trouué quelque petite place,
    M'as tu receu pour ton mignon,
    Ce petit Dieu, qui par sa flame
    Les cœurs humains si fort enflame,
    T'a il nauré de son brandon?

Seras-tu en fin pitoyable
    A moy pouret tant miserable,
    Pressé d'vn langoureux tourment?
    Me veux tu donner esperance
    D'vne prochaine deliurance,
    Qui soit à mon contentement?

Que tu seras fort curieuse,
    N'estant plus ainsi desdaigneuse,
    De chasser au loing mon esmoy:
    Te disant estre toute mienne,
    Et ma pauure ame estre la tienne,
Et que tu ne vis point qu'en moy.

Qu'aussi de tes yeux la lumiere
    Ne te sera iamais plus chere,

                              g

Que de moy le doux ſouuenir,
Que ſaras autant doucereuſe
Que tu m'as eſté rigoureuſe,
Quelque temps qu'il puiſſe auenir.

Las, di le moy donc ma Mignonne,
Et ſeure rens en ma perſonne,
Le teſmoignant par vn doux riz,
Confirme d'vne lente œillade,
Qui alors à mon cœur malade
Fera reuenir les eſprits.

Ha, tu l'as fait, ma deſirée,
Pour vray tu t'es bien acquittée
De ce dont ie t'ay ſupplié:
Mon ame ores viura contente,
De ſon amy ſe ſentant exempte,
Et n'en ſeray plus ennuyé.

Rien plus de toy ie ne deſire
Pour alleger mon grand martyre,
Et me retirer du treſpas:
A dieu ſoupſons, ennuis, triſteſſes,
Venez

Venez plaisirs, repos, liesses
N'abandonnez iamais mes pas.

Or pour ce bien, gente pucelle,
Ie rendray par tout immortelle
Ta beauté depeinte en mes vers:
Que le temps, l'oubli, la fortune,
Qui ne demeure iamais vne,
Ne pourront coucher à l'enuers.

Aux dames de Dole, Chanson.

LA belle & grande Polye,
Est ma courtoise & iolie,
Et celle qui tient mon cœur
En eternelle vigueur.
Ses troys brunettes cousines
Sont mes prochaines voisines,
Que ie m'en vay visiter
Pour apprendre à mugueter.
La Chiclette est ma follette,
Qui déia court aux garçons

Pour apprendre des chanfons.

La Darlaye eft ma doucine,
La Furgeotte eft ma poupine,
Ma poupine à qui ie veux
Frifotter les blonds cheueux.

La grande noire Thibaude
Eft ma meilleure couillaude,
Son teint brun & fon poil noir
Ne m'eft que plaifant à voir.

Sa brunette feur Nicole
Eft celle la que i'accolle,
Que ie ne crains d'affoller
Pour rudement l'accoler.

La Boiffette eft ma Déeffe,
Et fa feur eft ma Lucreffe,
Ie ne craindrois de pecher
Pour l'vne ou l'autre toucher.

I'entens deffus vne couche,
Ou pour le moins fur la bouche,
Mais, las, il m'eft interdit
D'auoir vn fi grand credit.

La Ballaule eft ma fucrée,
La Fauche eft ma Cytherée,

Si i'eſtois d'elle baiſé
Mon cœur ſeroit appaiſé
    Des ennuys que la mignonne
Nuiƈt & iour penſif me donne,
Depuis qu'ay veu ſa beauté
Compagne de cruauté.
    Et la noble de TOVRAISS
N'eſt pas celle que ie baiſe,
Mais elle eſt bien celle là
Vers qui mon cœur s'enuolla,
    Pour luy faire obeiſſance
Digne de ſon excellence,
Car ſon beau chef eſt veſtu
D'honneur,de biens,& vertu:
    C'eſt pourquoy ie la reuere
Comme madame ſa mere.
Sa couſine Vaugrenan
Eſt celle à qui tout ceſt an
    Ie deſire fauorable:
Car elle me fut ſecourable
En mes premiers amours
De mille & mille ſecours,

Faifant du cœur de m'amie
Efgarer la felonnie,
Madamoyfelle D A v i d
Eft celle en qui mon cœur vit:
C'eft ma loyalle maiftreffe,
Vers qui mon cœur print addreffe,
Ie fuis fon loyal feruant
Tant que ie feray viuant.
Chanfon, va t'en dedans Dole
Plus vitte qu'vne gondole,
Ou que le cheual volant
De Bellerophon vaillant.
Saluer les Damoifelles,
Et les gaillardes pucelles
Pleines d'amoureux foucy,
En leur haranguant ainfi:
Dames, dont la renommée
Eft plus qu'en vn lieu nommée
Voicy voftre D e p o n t o v x
Qui fe recommande à vous,
Qui retourne d'Italie,
Accompagné de Delie.

Depuis

Depuis qu'il vous a laiſſé,
De vous aymer n'a ceſſé:
   Et encores il vous ayme
Trop plus qu'il ne fait ſoymeſme,
Iuſqu'à la fin du trépas,
Et belles ne penſez pas
   Que pour changer de contrée
Autre amitié ſoit entrée
Que la voſtre dans ſon cœur
Plein d'amoureuſe liqueur.
   Il a eu touſiours memoire
De celebrer voſtre gloire:
Si qu'or'ſe met en deuoir
De bref vous venir reuoir:
   Pourueu que ce Polyphéme
Contre luy plus ne blaſpheme,
Et que vos ſoldats portiers
Le reçoiuent volontiers.

Autre chanſon nouuelle.

DE me faire la guerre
Amour a bien poüuoir,

                              Deme

De me porter par terre,
Sans mercy en auoir:
L'incertaine fortune,
Et la mort importune
Par leur effort,
Peuuent victoire aquerre,
Me rendans roide mort.

Mais ils n'auront puiffance
De ma nef deftourner,
Du port de ta prefence
Ou ie veux feiourner:
Et que ie n'aye enuie,
Tant que feray en vie
De te feruir,
Efperant allegeance,
Auant que de mourir.

Mon eftoille drilante
Tu feras à iamais,
De la dure tourmente
Me fauuant deformais:
Tu feras pitoyable

A mon

A mon mal deplorable,
Et ma langueur,
Qui m'agite & me tente
Dontera ta rigueur.

Las, la fieure amoureuse,
Qui me rend tout en feu,
Ma vie douloureuse
Confume peu à peu:
Mes tendons & mes vaines
De fang ne font plus pleines,
Ains de poifon,
Qui femblant doucereufe,
Defrobe ma raifon.

Mais fi mon efperance
Eft vaine comme vent,
N'ayant point d'allegeance
A mon trop grief tourment:
Et qu'vfes de fallace:
l'efpere en peu d'efpace,
Puis que l'Amour
Si mal me recompenfe,

Clorre

Clorre mon dernier iour.

Lors la trouppe fidelle
  Des loyaux amoureux,
  Te dira fort cruelle
  A mes maux douloureux:
  Que ton cœur fut de roche,
  Digne de grand reproche,
  Et en rendra
  La memoire eternelle,
  Par les chants qu'ell' fera.

Puis eſtant mis ſous terre,
  Ayant la larme à l'œil,
  Deſſus la dure pierre
  De mon triſte cercueil
  Y grauera à force,
  Las, combien eut de force
  Ta cruauté,
  Qui me faiſant la guerre
  La vie m'a oſté.

Celuy qui ſa Maiſtreſſe

Aima fidellement,
Des sa tendre ieuneſſe
La ſeruant loyaument:
Luy eſtant rigoureuſe,
A ſes maux dedaigneuſe,
Plein de douleur,
Et de grande triſteſſe,
Perdit toute vigueur.

Autre chanſon nouuelle.

IE ſerois vn grand ſot, ſi ie n'auois en-
uie
De quiter ceſte fois,
Amour, pour viure à moy le reſte de
ma vie,
Tes amoureuſes loix:

Car pour t'auoir ſerui & deux & trois
années
En triſteſſe & langueur,
Helas, ſans recompenſe, elle ſont eſ-
coulée,

N'eſſayant

N'eſſayant que rigueur.

I'ay eſté le captif d'vne beauté fort fiere
Et m'y ſuis amuſé,
Croyant qu'elle ne mettroit mes ſou
ſpirs en arriere,
Mais ie ſuis abuſé.
Pourtant adieu Amour, adieu maitreſſe
aimée,
Mes traiſtres ennemis,
Adieu, puis que par vous ma mort eſt
coniurée,
Que i'eſtimoy amis.

Ie vous quitte tous deux, ſans auoir eſ-
perance
De deſormais vous voir
Deſireux de donner à mes maux al-
legeance,
Quand me verriez douloir.

Car auſsi tu ne peux eſcháger de nature,
Amour

Amour aucunement,
Tu es enfant aueugle, indiscret, & par-
iure,
Malin, cause tourment.

Maitresse, tu es bien de grans dons reue-
stuë,
    Tu es belle en tes yeux,
    Tu as le front poli, & de belle esten-
duë,
    Le maintien gracieux,

Mais ton cœur de rocher, felon, & intre-
ctable,
    Et plein de cruauté,
    Et qui à mes trauaux s'est montré in-
dontable,
    Dement ceste beauté.

Ie perds donc bien mon temps de desormais me plaindre,
    Et demander support,
    Puis que tu es cruelle, & t'es pleu à te
h

faindre
De me donner confort:

Veu qu'auſsi ie te voy à ceſte heure
changée
D'auoir pitié de moy:
Et que tu t'es auſsi ſi ſubit eſtrangée
D'eſcouter mon eſmoy.

A dieu donc, ma Maiſtreſſe, a dieu ma
Ceocyre,
Sans plus te ſupplier,
Puis que n'as point ceſſé de mó grád
mal te rire
Ie te veux oublier.

Ie te veux oublier, attendant que la Par-
que,
Piteuſe de mon mal,
Ma face trauerſer, dans la legere bar-
que
Le noir fleuue infernal.

Et

Et alors, mais trop tard tu cognoistras,
        cruelle,
    Le tort que tu m'as fait,
    D'auoir ainsi esté en mon endroit re-
        belle,
    N'ayant en rien m'effait.

Tu te diras cent fois & cent fois mal-
        heureuse,
    De n'auoir aduisé
    De te monstrer plustost enuers moy
        doucereuse,
    Et m'auoir mesprisé.

Vn triste creue-cœur bourrellera ton
        ame,
    Pensant la passion
    Que i'ay souffert pour toy par si long
        temps, Madame,
    De nette affection.

Bref lors tu seruiras aux autres d'exem-
        plaire

De n'auoir en mefpris
Ceux la qui tacherót d'vn vray cœur
leur complaire,
Et eftre leurs amis.

Autre chanfon nouuelle.

LA terre n'aguere glacee
Eft ores de verd tapiffee,
Son fein eft embelli de fleurs,
L'air eft encore amoureux d'elle,
Le ciel rit de la voir fi belle,
Et moy i'en augmente mes pleurs.
Les bois font couuerts de fueillage,
De verd fe pare le boccage,
Ses rameaux font tous verdiffans:
Et moy, las, priué de ma gloire,
Ie m'habille de couleur noire,
Signe des ennuis que ie fens.
Des oifeaux la troupe legere
Chantant d'vne voix ramagere,
S'efgaye au bois à qui mieux mieux:
Et moy tout rempli de furie,

le

Ie sanglotte, souspire & crie
Par les plus solitaires lieux:
Les oiseaux cherchent la verdure,
Moy ie cherche vne sepulture,
Pour voir mon malheur limité,
Vers le Ciel ils ont leur vollee:
Et mon ame trop desolee
N'aime rien que l'obscurité.
Ores l'Amant sent dedans l'ame
L'effort des beaux yeux de sa dame,
Qui remplit son cœur de desirs:
Il souspire, & moy ie souspire,
Mais la mort sans plus ie desire,
Seule fin de mes deplaisirs:
Ores les animaux sauuages
Courent les champs, bois & riuages,
Rendus par Amour furieux:
Moy ie suis pressé de la sorte
Du chaud regret qui me transporte,
Et me fait maudire les Cieux.
Or' on voit la rosee nouuelle,
Qui se découure & se fait belle,
Monstrant au iour son teint vermeil:

Où las, mon paliſſant viſage
Se ſeiche en l'auril de mon âge,
Priué des rais de mon Soleil.
Or' on voit d'vne tiede haleine
Zephyre émouuoir par la plaine
Doucement les bleds verdoyans:
Et moy i'amaſſe en mon courage
Des ſoulpirs qui font vn orage
De cent mille flots ondoyans.
Du Soleil la face cachee
En hyuer, or' eſt approchee
Et monſtre vn regard gracieux:
Mais ie fuy la clarté diuine,
Puis que l'aſtre qui m'illumine
Eſt or' eſloigné de mes yeux.
Que me ſert ceſte ſaiſon gaye,
Sinon de rafreſchir ma playe,
Quand ie voy les autres contens:
Puis que le Ciel m'eſt ſi ſeuere,
Qu'au milieu de la prime-vere
Ie ſuis priué de mon printemps?
Quand ie voy tout le monde rire,
C'eſt lors que ſeul ie me retire

A part

A part en quelque lieu caché:
Comme la chaste Tourterelle
Perdant la compagnie fidelle
Se branche sur vn tronc seiché.
Le beau iour iamais ne m'éclaire:
Tousiours vne nuict solitaire
Couure mes yeux de son bandeau,
Ie ne voy rien que des tenebres:
Ie n'entens que des chants funebres,
Seurs augures de mon tombeau.
La France en deux parts diuisee
De guerres n'aguere embrasee,
Sent or' le doux fruict d'vne paix:
Mais las, nul fruict ie n'en rapporte,
Car la guerre est tousiours plus forte
Entre mes pensers que iamais:
Pensers qui font dedans ma teste
Vn bruit estrange, vne tempeste,
Et dressent cent mille combats,
Mais tout à mon desauantage,
Car seul ie porte le dommage
Et la perte de leurs debats.
Las qu'Amour me rend miserable,

Las que le bien eſt peu durable,
Las que le ſort m'eſt rigoureux,
Las que les Dieux me ſont contraires
De m'accabler ſous les miſeres,
Quand ie penſe eſtre bien heureux:
Ah Ciel cauſe de ma ſouffrance,
Hé que n'ay ie aumoins la puiſſance
De me changer diuerſement,
En Cygne,ou en pluye doree,
Pour voir ma belle Cytheree,
Qu'vn Vulcan garde eſtroittement?
Mais le Ciel en vain m'importune,
Le Ciel chef de mon infortune,
Qui par vne trop dure loy
Me priue en viuant de mon ame:
Car quand ie ſuis loin de ma Dame,
Mon ame eſt abſente de moy.

Chan

Chanson nouuelle de deux Amans. Sur le chant de la Ligue.

Bien que le malheur
De ma destinée,
Me faict en langueur
Passer ma iournee,
Ie veux mes ennuis conter,
Et ma tristesse chanter,
En portant patiemment
La cause de mon tourment.
   I'ay souuentefoys
Pensé en moymesme,
Comme ie pourrois
Voir ce que mieux i'ayme:
Mais mon penser est en vain
Ie m'en retourne soudain
Ie ne voy deuant mes yeux
Que ce qui m'est ennuyeux.
   Chacun Allemant
Qui fort s'auanture,
Contre mon serment,
Pour me faire iniure,

Se ſont bandez à gland tort
Pour me liurer à la mort,
Meſloignant de tes beaux yeux
Tout mon eſpoir & mon mieux.
   Si i'euſſe eſté ſot
Et mal habil'homme
Ie n'euſſe dit mot
Du mal qui m'aſſomme:
Car i'euſſe bien eu credit
De t'auoir ſans contredit,
Et mon cœur content & gay
En viuant en liberté:
   Mais que m'euſt ſeruy
I'eſtre mal habille,
De n'eſtre rauy, de grace gentille,
Qui me faiết ſentir le bien
D'vne grace & entretien:
Car vn ſot ne ſeray pas
Gaudiſſement ne ſçay pas.
   L'on a veu ſouuent
La mer courroucee,
Puiſant le maulx vent
Qui la rent paiſee,

Mais

Mais tant le iour que la nuit
La tourmente me poursuit,
Ne donnant à mon esprit
Ne relasche ne respit.

Aussi doux amour,
Donnez moy l'adresse
Que ie puisse vn iour
Baiser ma maistresse,
Baiser sa bouche & ses yeux
En despit des enuieux,
Qui tachent par tout moyen
De rompre vn si beau lien.

Pour vn temps i'estoy
En sa bonne grace:
Mais comme ie voy
Vn autre a ma place:
Car i'estoy le bien venu
Or suis-ie le mal congnu,
Mais pourtant ie ne lairray
De l'aymer tant que viuray.

Tu te fais grand tort
Petite constante,
De croire au rapport

D'vne

D'vne mal difante,
Qui ne tafche qu'à te voir,
Abifmer en defefpoir,
Elle n'a autre defir
Que nous voir en defplaifir.

Chanfon des Drolles de Paris.

ASfemblez vous drolles, de chacun
        quartier,
Que ie vous enrolle: deffus mõ papier,
Il faut boire,à plein voirre,voicy la faifõ,
Sus ma gorge:que l'on s'efgorge,de fai-
   re raifon.
Le vin de Sureifne,Dieu qu'il fera bõ
Il aura fon regne,auec le Iambon,
I'ay enuie, en ma vie:mettre vn aloyau,
La bouteille fans chandelle, dans mon
      gras boyau.
Chofe veritable:la vallée D'allian
Fera fur la table,mettre les taillans,
Ie vous iure ma peincture, voz rouges
     mufeaux: (ceaux.
Et voz pattes d'efcarlates,ferõt fans pin-
                              Mon

Mô terroir de Beaulne, eſt ſi bié fourny
Qu'il a couleur Iaune:rouge faiſt venir,
Trippe tinte demy pĩte aurót mes piós;
Car mieux ayme trois choppines q̃ cinq
    demions.

A ce vin d'Auxerre menez de rubis,
Qu'õ luy face guerre, laiſſez ſes pieds gris
Que ló ébroche, vne cocheauec ſes petis
Faut q̃l étre dás mõ vétre :ainſi to⁹ rotis.

Ne ſoyez arriere: ventre de rochers:
Dônez voz carriere,mes vétrusbochers
Qu'õ reueille,la bouteille,& ſes gros fla
    cons: (tons.

Qu'õ enuoye, par la voye,au vin par cã-
Et vo⁹ mes tripieres,dedãs voz bacq̃ts,
Ne laiſſez arriere,voz grands gobelets;
Vieilletrippe qu'on ſe trippe : à paindre
    ce nez,

Quõ ſefacerouge face,& vn pied denez
Mes âges de Greue, & du port au foin,
Sans demander treſue:ayez en le ſoing,
De voz a ſles faire aiſles:& vo⁹ aſſẽblez,
Aux tauernes,ſans lanterne,cóme vous
    ſçauez.   Et

Et iettant ma veuë, ſur ces Saueriers,
De ces eoints de ruë, de ces couturiers,
Las ie pêſe, q cõmécét à boire au matin:
Puis leur femmes, par mon ame, auront
     du gratin.

    Et ſes Chãbrieres, ny ſerõt elles point
Qui leur gros derriere, ne refuſez point
Sus Nourrices au ſauciſſes, ça beuuons
     d'autant,
La maiſtreſſe, à la meſſe, s'en va pour lõg
     temps.
    La haut ſur ces Montaignes, ie vy vn
     bellaut,   (got,
Qui beuuoit chopine, s'eſtoit auec Mar
Haut la iãbe, que i'éiãbe, haut le cropiõ,
Haut ma mere la croppiere, que ne bran
     le on?
    Pour te faire hõmage, à toy Dieu Bac
                   (cus:
     cus,
En Villes & Villages, nous mettrõs Bac
La defaicte ſera faicte, vray cõme ie ditz
De la pence vient la dance, adieu ie vous
     ditz.

Table

TABLE DES CHAN-
SONS CONTENVES
en ce present liure.

Que

FIN.